AF233841

À Monsieur le Ministre de l'Intérieur.

Monsieur le Ministre,

J'ai l'honneur de vous adresser un Tableau du domaine de l'abbaye de Jumiéges, tant dans sa partie fieffée que non fieffée, qui est comme le résumé de tout ce que j'ai pu vous dire sur cette question.

Permettez que je l'accompagne de quelques réflexions qui lui serviront de commentaire et en démontreront, je l'espère, toute l'importance.

L'adoption du mode de classification dont ce Document est un modèle aurait le triple avantage : 1º d'apporter une méthode naturelle, réelle et générale pour le classement de tous les titres provenant de l'ancien régime, qui sont entassés dans les dépôts d'archives ;

2º De faire connaître à l'Etat, substitué au domaine royal, aux domaines laïques et ecclésiastiques, quels étaient le nombre, l'importance et la contenance de ces domaines, aussi bien que leurs priviléges et leurs charges ; d'exécuter enfin sous ce rapport la loi de messidor, an II ;

3º De fournir à l'histoire une multitude de documents dont la plupart n'offrent maintenant qu'une importance faible, et qui, mis à la place qu'ils doivent occuper, en acquerraient une très grande, non seulement pour l'histoire générale de la France, mais surtout pour toute histoire provinciale et locale.

Cette méthode est naturelle, réelle et générale pour le classement de tous les anciens titres.

Jusqu'à présent on n'a envisagé les documents anciens, et par conséquent les archives de l'ancien régime, que sous le rapport et avec la méthode appelée historique.

On a toujours laissé de côté la question et la méthode territoriales ; cependant la constitution du régime féodal était purement territoriale. Pourquoi donc la laisser de côté ? Est-ce que par elle on n'arriverait pas plus vite et plus surement à résoudre la question historique.

Examinons :

Les titres anciens, quels qu'ils soient, aussi bien en Normandie que dans toutes les autres parties de la France, ne commencent qu'après l'établissement de la féodalité, c'est-à-dire après xe siècle : ils deviennent fréquents dans le xie et le xiie ; ils sont très nombreux dans le xiiie.

A cette époque le pays féodal s'est tout-à-fait constitué ; les ordonnances de Philippe-Auguste ont réglé l'indivisibilité du titre de fief ; les démembrements de la seigneurie sont défendus ou seulement tolérés à titre de jeu de fief ; le réseau féodal s'étend sur tout le pays et l'embrasse en entier.

Voici l'aspect que présentent les trois grands corps qui possèdent et occupent tout le territoire :

Le domaine du roi varie constamment, soit en diminuant par l'effet des aliénations successives des rois à titre de récompenses, soit en augmentant par suite de prises de fief ou saisies féodales, qui, par leur action continue, font rentrer un grand nombre de biens sur une multitude de points dans les mains de la couronne.

Les domaines laïques passent souvent d'une maison dans une autre par suite des alliances de famille.

Les domaines, quels qu'ils soient, dans les mains du clergé acquièrent un état de fixité complet ; ils deviennent biens de mainmorte. S'ils sont entrés avec un titre noble, ils le conservent ; si comme roture, ils restent roture. Seulement, dans l'un comme dans l'autre cas, ils se trouvent détachés du fief primitif dont ils faisaient partie avant la donation, pour ne plus relever, dans presque tous les cas qui constituent l'aumône franche et pure, que du suzerain seul, sans aucun seigneur intermédiaire.

Cette particularité de la tenure ecclésiastique simplifie considérablement la hiérarchie féodale et permet à nous, hommes d'un autre monde, de suivre très facilement la marche de cette partie du pays féodal pendant les six siècles qui s'écoulent du XIIe au XVIIIe. Et comme les trois quarts des documents dont se composent les collections d'archives se trouvent provenir de ces mêmes domaines du clergé, rien de plus simple que d'établir d'abord le tableau de toutes les possessions de tel ou tel grand fief de dignité appelé archevêché, évêché, chapitre, abbaye, prieuré, collégiale, etc., etc., qui comprendra tel nombre de comtés, de baronies, de seigneuries, de fiefs ou de portions de fiefs, appelés, comme autant d'êtres doués de vie, à fournir une carrière de cinq, six ou sept siècles, que l'on aura à parcourir en rangeant les documents spéciaux à chacun d'eux suivant les droits de propriété et de justice, ce double mobile de leur existence.

Vouloir refaire une société qui n'existe plus suivant une méthode de classement artificiel, comme celle que prescrit la grande Circulaire ministérielle du 24 avril 1841, en laissant complétement de côté l'idée hiérarchique féodale qui formait l'essence même de cette époque ; assimiler ces titres à ceux des archives administratives en leur assignant d'avance une série, qu'on me permette de le dire, c'est le comble de l'aberration. Si dans deux cents ans nos neveux, soumis à un régime aussi différent du nôtre que l'est pour nous le régime féodal, avaient nos papiers administratifs à classer, devraient-ils le faire au point de vue de leur régime nouveau, au lieu de rétablir purement et simplement l'ordre qui existait sous le régime antérieur, en suivant les données que présentent et les en-têtes et le corps même des pièces.

Telle est pourtant la marche actuelle suivie pour le classement des archives anciennes. On n'a pas encore compris qu'en ne renouant pas le *connexum feudale*, qui formait la hiérarchie féodale, qu'en le laissant brisé, on laissait aussi cette époque défigurée et inintelligible pour tous.

On voudrait voir dans la féodalité une individualité formant l'Etat, comme de nos jours, au lieu de cette agrégation d'individualités qui, suivant les différents degrés qu'elles occupaient dans l'échelle, formaient, non pas une chaîne unique, mais une multitude de chaînes distinctes dont le dernier et le plus grand anneau venait se rattacher au grand cercle de la couronne.

A notre sens, la classification de la Circulaire ministérielle du 24 avril 1841 n'est pas sérieuse. Faite évidemment d'après les archives de Paris, tout y est jeté pêle-mêle sans qu'on ait tenu compte de la hiérarchie féodale qui offrait un cadre tout naturel de classification. Les trois premières séries, A, B et C, pourraient s'appliquer à la justice royale si la première ne se trouvait pas mélangée : « du domaine royal, des apanages et des familles royales; » la quatrième, D, « universiés, facultés, colléges, sociétés académiques, » ressemble en tous points à la série T des archives administratives. Ce qui la compose trouvera cependant très bien sa place dans le cadre de la féodalité. Nous n'avons pas le courage de critiquer les trois dernières, E, G ,H; ce sont les plus importantes ; elles comprendraient les sept huitièmes de tout ce qui peut exister d'anciens titres.

Pour le prouver, voici en peu de mots comment était établie cette hiérarchie féodale, que j'appellerai avec plus de vérité la généalogie des fiefs. C'est à desein que s'y trouvent entre guillemets tous les titres des séries du classement de 1841.

AU SOMMET :

La Couronne ou le Roi,

Avec sa toute-puissance et sa justice souveraine.

« Chancellerie, actes du pouvoir souverain, édits, lettres patentes,
« ordonnances, parlements, bailliages, vicomtés, sénéchaussées,
« notaires royaux, cour des comptes, des aides, des monnayes,
« *et plus tard*, intendances, subdélégations, élections, bureaux
« des finances, états provinciaux. »

Domaine de la Couronne,

Qui se divise en deux grandes catégories.

LE DOMAINE NON FIEFFÉ,

(*Dominium.*)

Qui se compose :

1° Des palais,

    Résidences ,

    Châteaux royaux, avec toutes leurs circonstances et dépendances, tant en terres qu'en forêts et cours d'eau ;

2° Des domaines particuliers réunis constamment à la couronne, par suite des saisies féodales, prises de fief, etc., etc. ;

3° (*Plus tard*) Des domaines engagés.

LE DOMAINE FIEFFÉ,

(*Feodum.*)

Qui se compose :

De tout le restant du pays sur lequel il étend ses bras et qu'il embrasse en entier. — La ferme du régime féodal avait admis plusieurs manières de tenir la propriété de la couronne, suivant les coutumes et les usages des provinces, ou, comme on le disait, des usages locaux. En Normandie, par exemple, il y en avait quatre. Les trois premières étaient générales à toute la France.

La première, par hommage, comprenait tous les domaines laïques, c'est-à-dire tout ce qui était tenu par la noblesse d'épée. La noblesse de robe elle-même, qui surgit au commencement du xviie siècle, n'était qu'une petite noblesse d'épée, quant à ses devoirs envers le roi. (Nul seigneur sans terre, maxime tout aussi vraie que celle de nulle terre sans seigneur, puisque nous ne possédons dans nos archives que des titres de propriété.)

Les duchés, principautés, comtés, marquisats, baronies, simples fiefs, enfin tout ce qui n'avait point de seigneur intermédiaire et relevait par conséquent directement du roi, entre dans cette tenure.

La seconde, par **aumône**, se composait de tous les domaines en général du clergé, provenant de donations de toute espèce faites à l'église; c'était en leur faveur qu'on avait établi cette tenure.

Aussi, lorsqu'un seigneur faisait don à l'église d'une partie de sa seigneurie, elle se trouvait, aux termes de cette tenure, détachée de son fief pour ne plus relever que de la couronne.

Un seigneur ne pouvait faire une aumône, et surtout une aumône franche et pure, sans l'autorisation du suzerain, dans les mains duquel il remettait en quelque sorte l'objet de la donation, le suzerain seul ayant le droit de faire les aumônes franches et pures.

Comme la tenure par hommage, la tenure par aumône comprenait des comtés, marquisats, baronies, simples fiefs, qui, dans un grand nombre de cas, étaient soumis également au service militaire, à moins d'une exemption formelle du suzerain.

Mais ici il faut faire deux catégories des biens ecclésiastiques :

1° Les biens tenus par le clergé séculier, représenté par les archevêchés, évêchés, chapitres, etc., etc.;

2° Et les biens du clergé régulier, comprenant les abbayes, prieurés, ordres militaires, monastères, colléges, séminaires, hospices, maladreries.

Chacun des fiefs représenté par une des dignités ci-dessus avait, comme dans la tenure par hommage, sa justice, sa justice temporelle. Mais à côté s'en trouvait une autre, la justice spirituelle, attachée à certaines dignités seulement, qui portait le nom d'officinalité et relevait du pouvoir de Rome.

Les archevêchés, évêchés, certains chapitres et abbayes jouissaient de cette justice.

La troisième, par **bourgage**, comprenait des paroisses ou agrégations de paroisses qui, parvenues à un degré de richesse et de force considérables, s'étaient débarrassées des devoirs seigneuriaux pour ne plus relever que du roi directement, **par** l'intermédiaire de leur *màjor* ou maire.

C'est l'établissement des communes. (On a coutume de dire l'affranchissement des communes; on se trompe, c'est leur ennoblissement.)

Il y avait le bourgage et le franc bourgage. Ce dernier fut plus tard confondu par les hommes de procédure avec le franc-aleu. Cette confusion jeta la plus grande obscurité sur la question des aïeux, dans la législation proprement dite et dans les esprits.

Le franc bourgage est appelé dans d'autres provinces droit de bourgeoisie.

La quatrième, par **parage**, était particulière à certaines provinces.

Elle ne pourrait former une catégorie dans un classement général. Elle appartient à l'une comme à l'autre des deux premières tenures par hommage et par aumône.

Elle consistait en une faculté qu'avaient les filles de se partager le domaine provenant de plus grands fiefs, qui relevait du dominant par l'aveu de l'aînesse

Telle est la hiérarchie féodale toute entière. Telle elle est en général, sauf les différentes coutumes ou usages locaux, qui ne portent jamais que sur les droits du vassal au dominant, et non du dominant au suzerain.

Les principes que je viens de rappeler ne sont écrits nulle part, mais ils se trouvent partout, dans les bénédictins, dans les juris-consultes, dans les feudistes, dans cette myriade de titres entassés sans ordre au sein de toutes nos archives.

En résumé, j'établirais aussi le grand tableau de la féodalité.

Tableau de la Féodalité.

La Couronne ou le Roi.

Justice suzeraine.

(Chancellerie, Edits, Lettres patentes, Ordonnances.
— Gens du Roi — Parlements, Baillages, Vicomtés,
Sénéchaussées, Tabellions et Notaires Royaux, Cour
des Comptes, des aides, des monnaies, — Et plus tard —
Intendances, subdélégations, Elections, Bureaux
des Finances, Etats Provinciaux.)

Domaine non fieffé.
— Dominium. —

Palais,
Résidences,
Châteaux royaux avec toutes
leurs circonstances et dépen-
-dances, tant en terres, qu'en
Forêts et Cours d'eau —
— Domaines particuliers
de la noblesse, réunis cons-
-tamment à la Couronne, par
suite de Saisies féodales, prises
de fief, &c. &c. — Domaines
engagés. (Plus tard).

Domaine fieffé.
— Feodum. —

par Hommage.

Duchés,
Principautés,
Comtés,
Marquisats,
Baronies.
Simples fiefs,
} Laïques.

Justice.

Domaine non fieffé. — Domaine fieffé.

par Aumône.

Comtés,
Marquisats,
Baronies,
Simples fiefs,
} Ecclésiastiques.

Séculiers
Archevêchés.
Evêchés,
Chapitres,

Justice
Temporelle ou
seigneuriale.

Justice
Spirituelles.
Officialités,
Exemptions,

Domaine non fieffé. — Domaine fieffé.

Réguliers.
Abbayes.
Prieurés.
Monastères,
Collèges
Séminaires.
hospices,
Maladreries,

Justice.

Domaine non fieffé. — Domaine fieffé.

par Bourgage.

Paroisses ou agrégations
de paroisses représentés
par un Major ou Maire.
— Communes. —

Justice
Seigneuriale.

La théorie du système féodal, telle que je viens de l'exposer, est le résultat de mon travail sur Jumiéges.

Cette formule aussi simple, je ne l'ai point inventée; je me suis seulement laissé guider par les savants procureurs de cette abbaye; avec eux j'ai rétabli tout simplement ce qui existait.

Au reste, pour appuyer ma généalogie féodale de Jumiéges, j'ai un volume de pièces justificatives ainsi composé. Autour de chaque seigneurie, membre du grand fief, sont groupés toutes les chartes de donation des seigneurs normands et de confirmation des ducs, des rois et des papes. Puis, entrant dans la contexture du domaine, j'ai rétabli les différents droits et devoirs seigneuriaux, qui, formant autant d'usages locaux, ont jusqu'alors ébloui tout le monde par leur grand nombre et leur extrême variété, et fait croire que le système féodal ne reposait sur aucunes bases bien fixes, ni sur aucunes règles bien arrêtées.

Je vous prie, Monsieur le Ministre, de jeter un coup d'œil sur ma page féodale de Jumiéges, et vous verrez que j'apporte réellement une méthode nouvelle et générale, dont l'application, j'en suis convaincu, serait féconde en heureux résultats.

Avantages qui résulteraient de l'adoption de cette méthode.

Les domaines ecclésiastiques en général ayant été mis à la disposition de la nation par le décret du 4 novembre 1789, et ceux des emigrés par celui du 28 mars 1793, furent mis en vente immédiatement. C'est à peine si on les désigna par bouts et côtés dans les registres des ventes du district. Pas un procès-verbal, pas un titre ou la citation d'un titre ne les accompagne avant la création du département.

Il fut permis aux nouveaux acquéreurs de faire la demande des titres relatifs aux domaines ou portions de domaines qu'ils venaient d'acheter. On créa temporairement les archivistes dans le but de satisfaire à ces demandes. Ils devaient trier tout ce qui concernait le domaine, remettre les cartulaires et les chartes dans les bibliothèques publiques et brûler le reste. On ne brûla rien, on rendit seulement quelques titres du dernier siècle.

D'après l'exposé du système féodal que nous avons fait plus haut, l'État n'était substitué aux seigneuries laïques ou ecclésiastiques que pour le domaine non fieffé, le *dominium*; tout ce qui appartenait en propre à ce *dominium* dut être vendu, aux termes des lois de 20 août, 5 novembre 1790. Mais, pour se rendre un compte exact de ce dont se composait au juste ce *domininm*, qu'on pouvait dans beaucoup de cas confondre avec le *feodum*, il eut fallu rétablir la hiérarchie du fief dans son entier; on ne le fit pas. Aussi une multitude de droits réservés par la loi, que l'État eut pu exercer contre les particuliers, et, réciproquement, que les particuliers eussent pu exercer contre l'État, substitué au seigneur, furent perdus ou périmés. Il n'en est point de même pour les détenteurs encore actuels des biens communaux ou d'usagers dans les forêts nationales. La loi du 10 juin 1793, section 4, article 12 dit : « Que les terrains communaux, possédés ci-devant soit par des « bénéficiers ecclésiastiques, soit par des monastères, commu- « nautés séculières ou régulières, ordre de Malte et autres corps et « communautés, soit par les émigrés, soit par le domaine, à quel- « que titre que ce soit, *appartiennent à la nation, et, comme* « *tels, ne peuvent appartenir aux communes ou sections de com-* « *munes dans le territoire desquels ils sont situés, soit que ces* « *communaux aient été déjà vendus, soit qu'ils soient encore à* « *vendre au profit de la nation.* »

A cette époque des poursuites furent commencées contre beaucoup de communes; les archives en portent de fréquentes traces.

Mais des plaintes générales firent surseoir à cette loi, et il lut décrété par la loi du 21 prairial, an IV, article 2, « que tous les « possesseurs actuels de ces biens communaux seraient *provi-* « *soirement* maintenus dans la jouissance desdits terrains. »

C'est en vertu de cette loi que beaucoup de communes, qui n'avaient jamais été qu'usagères de leurs terrains communaux, en sont devenues en quelque sorte propriétaires.

l'Etat est-il disposé à faire valoir ses titres contre ces mêmes communes? Non. Qu'il maintenne donc la loi du 21 prairial, an IV, en effaçant le mot *provisoirement;* et que par cela même il débarrasse les archives anciennes d'un des prétextes qui empêche de les ouvrir à tout le monde, et de pouvoir les assimiler dans un temps prochain à nos bibliothèques publiques.

Alors plus de ce mélange anormal des archives anciennes avec les archives administratives, qui n'ont aucun rapport entr'elles. Il est vrai que d'après la loi du 7 messidor, an II, les titres anciens ne devaient former qu'une partie de la section domaniale des archives administratives; mais, jamais on ne les a considérés sous ce point de vue.

l'Article 37 de la même loi permet à tout individu de prendre connaissance et de se faire délivrer expédition de toutes les pièces déposées aux archives. Cette loi ne concerne évidemment que les archives anciennes, puisqu'à l'époque où elle fut faite, les archives administratives existaient à peine. De la réunion des deux sortes d'archives est née la nécessité de mettre certaines bornes à la communication des pièces; aussi le Règlement ministériel de 1843 donne-t-il aux préfets la faculté de la refuser si on ne se trouve dans certaines conditions.

Ainsi, par l'adoption de la méthode que je propose, l'Etat verrait un classement uniforme s'établir dans toutes ses archives; il saurait le premier, par l'inspection du travail de ses archivistes, ce qu'elles contiennent, tant sous le rapport domanial que sous le rapport historique; il pourrait mettre à la disposition de l'administration des domaines et de celle des eaux et forêts une multitude de renseignements encore utiles; enfin, il serait débarrassé de ces continuelles dénonciations de biens nationaux, par ce seul fait qu'il aurait acquis la connaissance de tout ce qui peut être regardé comme tel, et qu'il en aurait constaté l'existence.

Avantages qui résulteraient pour l'étude de l'Histoire.

Actuellement, dans nos archives, un grand fief, un fonds, se trouve comme perdu au centre d'une immense forêt de titres, qui ne présente encore aucun chemin tracé pour y accéder. Personne n'a encore retrouvé toutes ces routes, qui, j'ose l'affirmer, existaient et permettaient de se reconnaître dans un grand fief, comme les chemins d'exploitation le permettent de nos jours dans une forêt bien réglée.

Le grand fief de dignité étant au centre, des routes en partent de tous côtés pour arriver aux seigneuries ; et de ces seigneuries partent d'autres routes, qui passent par les inféodations et sous-inféodations jusqu'aux limites de la roture.

Le problème de la classification des archives et par conséquent de l'époque féodale se réduit à ceci : Est-il possible de reconstituer, de rétablir, avec les matériaux que nous possédons, le pays féodal ? Oui, et rien de plus facile.

Une société de gens de lettres, se divisant le travail, pourrait le faire ; mais à l'État seul doit appartenir cet honneur ; d'ailleurs, son intérêt s'y trouve engagé de trop de côtés encore pour le laisser entreprendre par d'autres.

A l'État seul doit appartenir l'honneur de continuer de généraliser par ce travail l'ouvrage des Bénédictins, puisqu'il ne comprendrait pas seulement tous les domaines ecclésiastiques, mais aussi tous les domaines laïques et enfin le domaine royal, dont les deux autres ne sont que la partie fieffée.

Qu'on se mette à l'œuvre, et il y a cent fois plus de titres qu'il ne faut pour recomposer toute la société féodale d'après le plan que nous indiquons.

Depuis vingt ans on glane de tous côtés, on enlève pour ainsi dire la fleur de toutes les archives, dans le but historique, prétend-on. Mais on ne voit donc pas que ce genre de travail décousu et sans suite n'aboutit à rien, ne fait même qu'augmenter la confusion déjà beaucoup trop grande par le mélange des titres, tandis qu'un travail méthodique, tout en donnant les mêmes notions partielles, aurait les conséquences les plus importantes pour toute la période féodale qu'il montrerait toute entière.

Pour y parvenir, on n'a qu'à rétablir le cadre du pays féodal. Ce simple rétablissement ouvrira des routes qui, passant à travers toutes les seigneuries répandues dans le pays, traverseront les quatre, six, huit siècles d'existence que compte le domaine.

La conséquence forcée de cet ordre sera qu'un titre isolé, qui n'offrait que peu ou point d'importance, en acquerra souvent une très grande par sa connexion avec un titre qui le suit ou le précède.

L'étude historique, pouvant prendre alors le plus large essor, offrira d'innombrables documents sur toute la surface du pays, documents dont pourra profiter l'histoire générale, avec lesquels il sera permis de faire l'histoire particulière des provinces, l'histoire des grands corps, l'histoire des familles, l'histoire enfin des paroisses ou localités.

Je crois avoir suffisamment prouvé que la méthode suivie jusqu'à présent est en tous points mauvaise ; qu'elle ne peut amener aucun ordre réel dans les archives ; qu'elle est contraire à la constitution même du régime féodal, et que les résultats en sont nuls ou tout au moins stériles.

C'est donc une nécessité d'adopter la méthode territoriale qui, en fournissant toutes les données historiques possibles, permettra de commencer une classification stable, raisonnée et sérieuse, puisqu'on suivrait pas à pas la constitution même du régime féodal.

Si M. le Ministre, qui a déjà daigné prendre quelqu'intérêt

à mon travail voulait bien me continuer la même bienveillance, je le prierais d'avoir la bonté de présenter cette grande page du fief de Jumiéges à l'examen de la Commission des archives nationales, qui serait appelée à donner son avis et à faire un Rapport sur cette méthode, résumé de tout le système.

Veuillez, je vous prie, Monsieur le Ministre, prendre cette demande en considération, et daignez recevoir, avec l'expression de ma reconnnaissance,

L'assurance du profond respect avec lequel j'ai l'honneur d'être,

Votre très humble et très obéissant serviteur,

E. DUSSEAUX.

Rouen, le 24 juin 1851.

Rouen. — Imp. Vᵉ A. SURVILLE, rue des Bons-Enfants, 46-48.

à mon travail voulait bien me continuer la même bienveillance, je me permets d'avoir la bonté de présenter cette grave a page du
lel de lumières à l'examen de la Commission des archives nationales, qui seront appelés à donner son avis sur cette ex-
port sur cette méthode, séparé de tout le système.

Veuillez je vous prie, Monsieur le Ministre, prendre cette demande en considération, et daignez recevoir, avec l'expression de
ma reconnaissance,

l'assurance du profond respect avec lequel j'ai l'honneur d'être,

Votre très humble et très obéissant serviteur,

Rouen, le 24 juin 1881.